O Triunfo da Religião

precedido de

Discurso aos Católicos

Campo Freudiano no Brasil

Coleção dirigida por Jacques-Alain e Judith Miller
Assessoria brasileira: Angelina Harari

Jacques Lacan

O Triunfo da Religião

precedido de

Discurso aos Católicos

Tradução:
André Telles

Revisão técnica:
Ram Mandil

ZAHAR

Título original:
Le Triomphe de la Religion
(Précédé de Discours aux Catholiques)

Tradução autorizada da primeira edição francesa
publicada em 2005 por Éditions du Seuil,
de Paris, França

Jorge Zahar Editor Ltda.
rua Marquês de S. Vicente 99 – 1º
22451-041 Rio de Janeiro, RJ
tel (21) 2529-4750 / fax (21) 2529-4787
editora@zahar.com.br
www.zahar.com.br

Composição: Futura
Capa: Dupla Design

CIP-Brasil. Catalogação-na-fonte
Sindicato Nacional dos Editores de Livros, RJ

Lacan, Jacques, 1901-1981
L129t O triunfo da religião, precedido de, Discurso aos católicos/ Jacques Lacan; tradução, André Telles; revisão técnica, Ram Mandil. — Rio de Janeiro: Zahar, 2005.
(Campo freudiano no Brasil; Série Paradoxos)

Tradução de: Le Triomphe de la religion (précédé de, Discours aux catholiques)
Inclui bibliografia
ISBN 978-85-7110-869-1

1. Cristianismo e psicanálise. I. Título. II. Discurso aos católicos. III. Série.

CDD: 261.515
05-2074 CDU: 261.6:159.964.2

Sumário

Nota

As duas peças aqui reunidas, cujo título escolhi e cujo texto estabeleci, provêm da obra oral de Lacan.

O "Discurso aos católicos" compreende as duas conferências pronunciadas em 9 e 10 de março de 1960 em Bruxelas, a convite da Faculdade Universitária Saint-Louis, e anunciadas como "aulas públicas". Lacan se refere a elas nos capítulos XIII e XV do Seminário A ética da psicanálise.

"O triunfo da religião" provém de uma "entrevista coletiva" realizada em Roma em 29 de outubro de 1974, no Centro Cultural Francês, por ocasião de um congresso. Lacan foi interrogado por jornalistas italianos.

Ao final do volume, o leitor encontrará algumas indicações bibliográficas.

Jacques-Alain Miller

Discurso aos Católicos

Anúncio

A perspectiva aberta por Freud sobre a determinação, pelo inconsciente, do homem em sua conduta afetou quase todo o campo de nossa cultura. Restringir-se-á ela na prática analítica aos ideais de uma normatização, curiosos em seguir em sua difusão vulgar? Sabemos que o dr. Jacques Lacan propõe à comunidade dos psicanalistas a experiência de um ensino bastante exigente quanto aos princípios de sua ação. No seminário em que formou uma elite de clínicos e que ele conduz há sete anos no serviço do professor Jean Delay, trouxe à baila este ano as incidências morais do freudismo, julgando dever ultrapassar o abrigo de um falso objetivismo para apresentar objetivamente a ação a que dedicou sua vida.

Com efeito, ele sustenta que tal apresentação é de interesse público, ainda mais que essa ação é julgada no privado. Assim, hoje ele corre o risco de introduzir um auditório não formado em uma visada que vai direto ao seu coração. Embora o dr. Jacques Lacan não ache que se deva reservar apenas aos religiosos o aparato de dogmas que motiva o preceito cristão de nossa moral, comportando primazia do amor e senso do próximo, veremos, talvez não sem surpresa, que Freud articula aqui a questão em sua verdadeira estatura, e bem além dos preconceitos a ele imputados por uma fenomenologia às vezes presunçosa em suas críticas. Daí os subtítulos que o dr. Jacques Lacan nos entregou para suas duas conferências, sob a ressalva de sua liberdade de adaptação imediata:

I. *Freud, no que se refere à moral, dá o peso correto.*

II. *A psicanálise é constituinte da ética exigida pelo nosso tempo?*

O filósofo, sob esse aspecto, talvez venha a retificar a posição tradicional do hedonismo; o homem do sentimento, a limitar seu estudo da felicidade; o homem do dever, a retroceder sobre as ilusões do altruísmo; o próprio libertino, a reconhecer a voz do Pai nos mandamentos que sua Morte deixa intactos; o espiritual, a ressituar a Coisa em torno da qual gira a nostalgia do desejo.

I

Freud, no que se refere à moral, dá o peso correto

Senhoras e senhores,

Quando o cônego Van Camp veio me pedir, com as formas de cortesia refinada que lhe são próprias, para que falasse na Universidade Saint-Louis sobre alguma coisa relacionada ao meu ensino, não encontrei, meu Deus, nada mais simples a dizer senão que falaria do próprio assunto que havia escolhido para o ano que começava – estávamos então em outubro – a saber, sobre a ética da psicanálise.

Repito aqui essas circunstâncias, essas condições de escolha, para evitar, em suma, certos mal-entendidos. Quando se vem ouvir um psicanalista, espera-se, com efeito, ouvir mais uma defesa dessa coisa discutida que é a psicanálise, ou ainda alguns vislumbres sobre suas virtudes, que são evidentemente, a princípio, como todos sabem, de ordem terapêutica. Isto é precisamente o que não farei esta noite.

Encontro-me então na difícil posição de ter de situá-los aproximadamente no meio [*médium*] do que escolhi tratar este ano para um auditório obrigatoriamente mais formado nessa pesquisa do que vocês o podem ser – seja qual for a atração, a atenção que vejo marcadas em todas as fisionomias que me escutam – já que aqueles que me seguem o fazem, há, digamos, sete ou oito anos.

Meu ensino deste ano, portanto, está focalizado precisamente sobre o tema, em geral evitado, das incidências éticas da psicanálise, da moral que esta pode sugerir, pressupor, conter e, talvez, de um passo adiante, grande audácia, que ela nos permitiria efetuar referente ao domínio moral.

1

A bem da verdade, este que lhes fala entrou na psicanálise tarde demais por ter tentado anteriormente – juro, como indivíduo formado, educado – orientar-se dentro do domínio da questão ética, falo teoricamente, se não for talvez também, meu Deus, por algumas dessas experiências que chamamos de juventude.

Mas, enfim, ele já está na psicanálise há bastante tempo para poder dizer que logo terá passado metade de sua vida a escutar vidas, que se contam, se confessam. Ele escuta. Eu escuto. Dessas vidas, portanto, que já há quatro septenários escuto confessarem-se à minha frente, nada sou para pesar o mérito. E um dos fins do silêncio que constitui a regra da minha escuta é justamente calar o amor. Logo, não trairei seus segredos triviais e sem igual. Mas há algo que gostaria de testemunhar.

Nesse lugar que ocupo e onde almejo que minha vida acabe de se consumar, é isto que permanecerá pulsante depois de mim, creio, como um resíduo no lugar que terei ocupado. Aquilo de que se trata é uma interrogação, inocente se posso dizer, ou mesmo um escândalo, que se formula mais ou menos assim.

Esses homens, esses vizinhos, bons e cômodos, que se lançaram nessa história a que a tradição atribuiu diversos nomes, entre os quais o de existência é o mais recente na filosofia, essa história de existência, sobre a qual diremos que o que tem de claudicante é efetivamente o que há de mais comprovado, esses homens, todos e cada um deles suportes de certo saber ou suportados por ele – como se dá que esses homens, uns e outros, abandonem-se até ficarem às voltas com a captura dessas miragens pelas quais sua vida, desperdiçando a oportunidade, deixa fluir a essência deles, por meio das quais sua paixão é desempenhada, por meio das quais seu ser, no melhor dos casos, não atinge senão esse pouco de realidade que só se afirma por ter sempre apenas decepcionado?

Eis o que me propicia minha experiência. Eis a questão que lego sobre o tema da ética, e na qual reúno aquilo que, para mim, psicanalista, faz dessa história minha paixão.

Sim, sei que segundo a fórmula de Hegel tudo o que é real é racional. Mas sou daqueles que pensam que a recíproca não deve ser depreciada – que tudo o que é racional é real. Há apenas um pequeno incômodo, é que vejo a maioria daqueles que são capturados entre um e outro, o racional e o real, ignorar essa combinação tranqüilizadora. Chegaria eu a dizer que isso é culpa dos que raciocinam? Uma das mais preocupantes aplicações dessa famosa recíproca é que aquilo que os professores ensinam é real e, como tal, tem efeitos como qualquer real, efeitos intermináveis, indetermináveis, ainda que esse ensino seja falso. Eis sobre o que me interrogo.

Ao acompanhar o impulso de um dos meus pacientes em direção a um pouco de real, com ele derrapo no que chamaria de credo de tolices, do qual não sabemos se a psicologia contemporânea é o modelo ou a caricatura. Ou seja, o eu, considerado ao mesmo tempo como função de síntese e integração – a consciência, considerada como realização da vida – a evolução, considerada como via pela qual advém o universo da consciência – a aplicação categórica desse postulado ao desenvolvimento psicológico do indivíduo – a noção de conduta, aplicada de forma unitária para decompor em estupidez todo dramatismo da vida humana. Tudo caminha para camuflar o seguinte: que nada na vida concreta de um único indivíduo permite fundamentar a idéia de que tal finalidade a conduza, que a guiaria, pelas vias de uma consciência progressiva de si que sustentaria um desenvolvimento natural, tanto ao acordo consigo quanto ao sufrágio do mundo de que depende sua felicidade.

Não que eu reconheça qualquer eficácia na mixórdia que vem se concretizando, de sucessões coletivas de experimentações afinal corretivas, sob a liderança da psicologia moderna. Há nisso formas amenizadas de sugestão, se podemos dizer, que não são sem efeito e que podem encontrar interessantes aplicações no campo do conformismo, até mesmo da exploração social. Infelizmente, vejo esse registro sem influência sobre uma impotência que só faz crescer à medida que temos mais oportunidade de operar os ditos efeitos. Impotência cada vez maior do homem de se reunir ao seu próprio desejo, impotência que chega a fazer com que ele perca a deflagração carnal. Ainda que esta permaneça disponível, esse homem não sabe mais achar objeto para seu desejo, não encontrando senão infelicidade em sua busca, a qual ele vive numa angústia que restringe cada vez mais o que poderíamos chamar de sua chance inventiva.

O que se passa aqui nas trevas foi subitamente iluminado por Freud no nível da neurose. A essa irrupção da descoberta no subsolo correspondeu o advento de uma verdade. Esta refere-se ao desejo.

2

O desejo não é coisa simples. Não é nem elementar, nem animal, nem especialmente inferior. É a resultante, a composição, o complexo de toda uma articulação cujo caráter decisivo tentei demonstrar no antepenúltimo termo do meu ensino – do que digo lá, onde absolutamente não me calo –, e talvez seja preciso que lhes diga em algum momento por que o faço.

O caráter decisivo do desejo não consiste apenas em ser pleno de sentido, não consiste em ser um arquétipo. Para lhes fornecer uma sondagem rápida, direi que o desejo não representa uma extensão da psicologia dita compreensiva, nem um retorno a um naturalismo micro-macrocósmico, à concepção jônica do conhecimento, tampouco à reprodução figurativa de experiências concretas primárias, como articula em nossos dias uma psicanálise dita genética, que chega a essa noção simplista que confunde a progressão de onde se engendra o sintoma com a regressão do caminho terapêutico, para desembocar numa espécie de relação-úbere que se embrulha a si própria em torno de um estereótipo de frustração na relação de apoio que liga a criança à mãe.

Tudo isso é apenas semblante e fonte de erro. O desejo tal como aparece em Freud, como um objeto novo para a reflexão ética, deve ser ressituado no sentido deste último.

O próprio do inconsciente freudiano é de ser traduzível – mesmo ali onde não pode ser traduzido, isto é, num certo ponto radical do sintoma, designadamente do sintoma histérico, que é da natureza do indecifrado, portanto do decifrável, ou seja, ali onde o sintoma só é representado no inconsciente caso se entregue à função daquilo que se traduz.

O que se traduz é o que chamamos tecnicamente de significante. É um elemento que apresenta duas dimensões, estar ligado sincronicamente a uma bateria de outros elementos que podem substituí-lo, e, por outro lado, estar disponível para um uso diacrônico, isto é, para a constituição de uma cadeia significante.

Com efeito, há no inconsciente coisas significantes que se repetem, correndo constantemente à revelia do sujeito. Isso é algo semelhante ao que eu via ainda há pouco ao me dirigir a esta sala, isto é, anúncios luminosos deslizando na fachada dos nossos prédios. O que os torna interessantes para o clínico é que, em circunstâncias propícias, eles se vêem inseridos no que é essencialmente da mesma natureza, nosso discurso consciente no sentido mais amplo, ou seja, tudo o que há de retórico em nossa conduta, quer dizer, muito mais que acreditamos. Deixo aqui o lado dialético.

Então vocês vão me perguntar: o que é isso, elementos significantes? Responderei que o exemplo mais puro do significante é a letra, uma letra tipográfica.

Uma letra não quer dizer nada, vocês me dirão. Não obrigatoriamente. Pensem nas letras chinesas. Para cada uma delas encontrarão no dicionário um leque de sentidos que nada tem a invejar daquele que corresponde a nossas palavras. O que isso quer dizer? O que pretendo ao lhes dar essa resposta? Não o que se crê, uma vez que isso quer dizer que a definição dessas letras chinesas, assim como a de nossas palavras, só tem alcance a partir de uma coleção de usos.

Falando estritamente, um sentido só nasce de um jogo de letras ou de palavras na medida em que se propõe como modificação de seu uso já consagrado. Isso implica em primeiro lugar que toda significação adquirida por esse jogo participa das significações às quais ele já estava ligado, por mais estranhas que sejam entre si as realidades presentes nessa reiteração. Dimensão que chamo de metonímia, que faz a poesia de todo realismo. Por outro lado, isso implica que toda significação nova só é engendrada pela substituição de um significante por outro, dimensão da metáfora pela qual a realidade se carrega de poesia. Eis o que se passa no nível do inconsciente e que faz com que ele seja da natureza de um discurso, se é que podemos qualificar de discurso certo uso das estruturas da língua.

A poesia já se efetuaria nesse nível? Tudo nos leva a isso. Mas limitemo-nos ao que vemos. São efeitos de retórica. A clínica confirma isso e os mostra insinuando-se no discurso concreto e em tudo o que se discerne de nossa conduta como marcado pelo selo do significante. Eis o que reconduzirá os mais perspicazes de vocês às próprias origens da psicanálise, à ciência dos sonhos, do lapso, até mesmo do chiste. Eis o que, para os outros, os que sabem mais, os adverte quanto ao sentido em que se faz um esforço de retomada de nossa informação.

Pois bem, então temos apenas que ler nosso desejo nesses hieróglifos? Não. Reportem-se ao texto freudiano sobre os temas que acabo de evocar, sonho, lapso, até mesmo chiste, nunca verão nele o desejo articulando-se a descoberto. O desejo inconsciente é o que quer aquele, aquilo, que sustenta o discurso inconsciente. Eis por que este aí fala. Isso significa que não é forçado, por mais inconsciente que seja, a dizer a verdade. E mais, o próprio fato de falar torna-lhe possível a mentira.

O desejo responde à intenção verdadeira desse discurso. Mas o que pode ser a intenção de um discurso em que o sujeito, na medida em que fala, é excluído da consciência? Eis o que vai colocar alguns problemas inéditos à moral da intenção reta, que nossos modernos exegetas ainda não estão aparentemente preparados para abordar.

É pelo menos o caso daquele tomista que, em data já antiga, nada encontrara de melhor que medir pelo princípio da experiência pavloviana a doutrina de Freud a fim de introduzi-la na distinta consideração dos católicos. Coisa curiosa, isso lhe valeu receber, e até hoje, os testemunhos de uma satisfação igual por parte daqueles que ele glosava, isto é, os professores da Faculdade de Letras que coroavam suas teses daqueles que podemos dizer que ele traía, a saber, seus colegas psicanalistas. Tenho bastante estima pelas capacidades presentes dos meus ouvintes, literários e psicanalíticos, para pensar que essa satisfação não seja a de um silêncio cúmplice sobre as dificuldades que a psicanálise põe verdadeiramente em jogo na moral. O estopim da reflexão seria, parece, observar que é na medida em que um discurso é mais privado de intenção que ele pode se confundir com uma verdade, com *a* verdade, com a presença mesma da verdade no real, sob uma forma impenetrável.

Será preciso concluir daí que é uma verdade para ninguém até que seja decifrada? Esse desejo com que a consciência nada mais tem a fazer senão sabê-lo incognoscível assim como a "coisa em si", mas que a despeito disso é reconhecido por ser a estrutura desse "para si" por excelência que é uma cadeia de discurso – o que vamos pensar dele? Freud não lhes parece mais à altura que nossa tradição filosófica de se comportar corretamente em relação a esse extremo do íntimo, que é ao mesmo tempo internidade excluída?

Ela é excluída, exceto talvez nesta terra da Bélgica, por muito tempo abalada pelo sopro das seitas místicas, até mesmo das heresias, onde esse íntimo era objeto de pressupostos, não tanto de opções políticas como de heresias religiosas, cujo segredo acarretava nas vidas os efeitos próprios de uma conversão, antes que a perseguição mostrasse que era a única coisa a que ainda se podia agarrar, mais do que à própria vida.

Introduzo aqui uma observação que não julgo deslocado fazer na Universidade a quem falo.

Sem dúvida é um progresso, refletido na tolerância, a coexistência de dois ensinos que se separam, um por ser e o outro por não ser confessional. Minha má vontade em contestar isso é ainda maior na medida em que nós mesmos, na França, optamos bem recentemente por caminho similar. Acho, porém, que tal separação desemboca numa espécie de mimetismo dos poderes que nela se representam, daí resultando o que chamaria de uma curiosa neutralidade, acerca da qual parece-me menos importante saber em benefício de que poder ela joga do que ter certeza de que, em todo caso, não joga em detrimento de todos aqueles pelos quais esses poderes se afirmam.

Difundiu-se assim uma espécie de divisão estranha no campo da verdade. Quanto a mim, diria – e o mínimo que se pode dizer é que não professo nenhum vínculo confessional – que uma epístola de são Paulo parece-me tão importante de ser comentada como moral quanto uma de Sêneca. Mas não estou certo de que ambas não percam o essencial de sua mensagem por não serem comentadas no mesmo lugar.

Em outros termos, conotar um domínio por ser o da crença, na medida em que seja assim, não me parece suficiente para o excluir do exame daqueles que se apegam ao saber. Por sinal, para aqueles que crêem, é de fato de um saber que se trata.

São Paulo se detém para nos dizer: "Que diremos então? Que a Lei é pecado? De modo algum. Mas eu não conheci o pecado senão pela Lei. Porque não teria idéia da cobiça se a Lei não me tivesse dito 'Não cobiçarás'. Foi o pecado, portanto, que aproveitando-se da ocasião que lhe foi dada pelo preceito excitou em mim todo tipo de cobiças. Pois, sem a Lei, o pecado não vive. Sem a Lei, eu vivia. Mas quando o preceito adveio, o pecado recobrou vida, ao passo que eu encontrei a morte. Assim, o preceito que devia me dar a vida conduziu-me à morte, pois o pecado, encontrando uma brecha no preceito, seduziu-me e por ele me deu a morte."

Parece-me impossível a alguém, crente ou incréu, não se ver intimado a responder ao que um texto desses comporta de mensagem articulada sobre um mecanismo que é, aliás, perfeitamente vivo, sensível, tangível para um psicanalista. A bem da verdade, enquanto num de meus seminários eu ramificava diretamente minhas observações sobre esse texto, meus alunos só perceberam que não era mais eu quem falava no tempo da audição musical, esse meio-tempo que transfere a música para outro modo sensível. De toda forma, o choque que receberam da canção dessa música me prova que, de onde for que viessem, aquilo nunca lhes tinha feito ouvir até então o sentido desse texto no nível aonde eu o levava a partir da sua prática.

Há uma certa desenvoltura na forma como a ciência se desvencilha de um campo de cuja carga não se vê por que ela se aliviaria tão facilmente. Do mesmo modo, um pouco freqüentemente demais para o meu gosto, há algum tempo, ocorre à fé atribuir à ciência a tarefa de resolver os problemas quando as questões se traduzem num sofrimento algo difícil de manejar.

Decerto não estou aqui para me queixar de que os eclesiásticos estão mandando suas ovelhas para a psicanálise. Fazem, no caso, muito bem. O que me choca um pouco é que o façam, parece-me, com a ênfase de que se trata de doentes, que poderão sem dúvida encontrar algum bem mesmo numa fonte, digamos, má.

Se firo algumas boas vontades, espero assim mesmo ser perdoado no dia do Juízo, em virtude de ter ao mesmo tempo incitado essa bondade a voltar a si própria, ou seja, aos princípios de um certo não-querer.

3

Todos sabem que Freud era um grande materialista. Como então não foi capaz de resolver o problema, apesar de tudo tão fácil, da instância moral por meio do recurso clássico do utilitarismo?

Esse recurso é, em suma, o hábito na conduta, recomendável para o bem-estar do grupo. Isso é simples e, além disso, verdadeiro. A atração da utilidade é irresistível, a ponto de vermos pessoas se danarem pelo prazer de conceder suas comodidades àqueles nos quais elas enfiaram na cabeça que não poderiam viver sem seu socorro.

Este é provavelmente um dos fenômenos mais curiosos da sociabilidade humana. Mas o essencial está no fato de que o objeto útil conduza incrivelmente à idéia de compartilhá-lo com o maior número de pessoas, porque na verdade foi a necessidade da maioria como tal que gerou tal idéia.

Apenas uma coisa cria dificuldade, é que, quaisquer que sejam o benefício da utilidade e a extensão de seu reino, isso não tem estritamente nada a ver com a moral, que consiste primordialmente – como Freud percebeu, articulou e nunca variou, ao contrário de diversos moralistas clássicos, até mesmo tradicionais, até mesmo socialistas – na frustração de um gozo, colocado como lei aparentemente ávida.

Tudo indica que Freud pretendesse encontrar a origem dessa lei primordial, segundo um método goethiano, a partir dos vestígios ainda sensíveis de acontecimentos críticos. Mas não se iludam, a ontogênese que reproduz a filogênese não passa aqui de uma palavra-chave utilizada para fins de convicção *omnibus*. É o onto que está aqui em *trompe l'oeil*, pois ele não é o ente do indivíduo, mas a relação do sujeito com o ser, se essa relação for de discurso. O passado do discurso concreto da linhagem humana encontra-se aí, uma vez que no curso de sua história aconteceram-lhe coisas que modificaram essa relação do sujeito com o ser. Assim, salvo uma alternativa à hereditariedade dos caracteres adquiridos que em certas passagens Freud parece admitir, é a tradição de uma condição que, de certa forma, funda o sujeito no discurso.

Não podemos aqui deixar de acentuar essa condição, cujo caráter maciço espanta nenhum comentador ter ressaltado – tanto a meditação de Freud em torno da função, do papel e da figura do Nome-do-Pai como toda sua referência ética giram em torno da tradição propriamente judaico-cristã, e nela são inteiramente articuláveis.

Leiam esse pequeno livro com o qual conclui-se a meditação de Freud alguns meses antes de sua morte, mas que o consumia, já o preocupando há longos anos: *Moisés e o monoteísmo*. Esse livro é apenas o termo e o acabamento daquilo que começa com a criação do complexo de Édipo, prosseguindo nesse livro tão mal compreendido e tão mal criticado que se chama *Totem e tabu*. Verão ali a figura que desponta do Pai, concentrando em si o amor e o ódio, figura magnificada, figura magnífica, marcada por um estilo de crueldade ativa e sofrida.

Poderíamos epilogar muito tempo acerca do que introduziu Freud a essa imagem, das razões pessoais que o induziram, isto é, seu grupo familiar, sua experiência de infância, seu pai, o velho Jacob Freud, patriarca prolífico e carente oriundo de uma pequena família da raça indestrutível. O importante não é fazer a psicologia de Freud.

Haveria aqui muita coisa a ser dita. Quanto a mim, julgo essa psicologia mais feminina que qualquer outra coisa. Vejo seu vestígio na extraordinária exigência monogâmica que irá submetê-lo àquela dependência que um de seus discípulos, autor de sua biografia, chamará de uxoriana. Vejo Freud, em vida corrente, muito pouco pai. Acho que só viveu o drama edipiano no plano da horda analítica. Ele era, como diz Dante em algum lugar, a Mãe Inteligência.

Quanto ao que nós mesmos chamamos, e acerca do que lhes falarei amanhã à noite, a Coisa freudiana, ela é em primeiríssimo lugar a Coisa de Freud, isto é, o que está nos antípodas do desejo-intenção. O importante é situar como ele descobriu essa Coisa, e de onde parte quando segue sua pista em seus pacientes.

A reflexão de *Totem e tabu* gira em torno da função do objeto fóbico, e é ela que o põe no caminho da função do Pai. Com efeito, esta constitui um ponto crítico entre a preservação do desejo, sua onipotência – e não, como se a escreve não sem inconveniente em tal tradição analítica, a onipotência do pensamento –, e o princípio correlato de um interdito, o que leva ao descarte desse desejo. Os dois princípios se cruzam e descruzam conjuntamente, embora seus efeitos sejam distintos – a onipotência do desejo engendrando o temor da defesa que se segue no sujeito, a interdição expulsando do sujeito o enunciado do desejo para transferi-lo a um Outro, a esse inconsciente que nada sabe daquilo que suporta sua própria enunciação.

O que *Totem e tabu* nos ensina é que o pai só proíbe o desejo com eficácia porque está morto, e, eu acrescentaria, porque nem ele próprio sabe disso – ou seja, que está morto. Tal é o mito que Freud propõe ao homem moderno, considerando que o homem moderno é aquele para quem Deus está morto – isto é, que julga sabê-lo.

Por que Freud envereda por esse paradoxo? Para explicar que o desejo, com isso, será apenas mais ameaçador, e, logo, a interdição mais necessária e mais dura. Deus está morto, nada mais é permitido. O declínio do complexo de Édipo é o luto do Pai, mas ele se conclui por uma seqüela duradoura: a identificação que se chama supereu. O Pai não amado torna-se a identificação que cumulamos de críticas sobre nós mesmos. Eis o que Freud introduz, compilando com as mil redes de seu testemunho um mito muito antigo, aquele que, de algo ferido, perdido, castrado num rei de mistério, faz depender a terra completamente deteriorada.

Convém seguir no detalhe o que representa essa ponderação da função do Pai, e introduzir aqui as distinções mais precisas, sobretudo entre o que chamei de instância simbólica – o Pai que promulga, sede da lei articulada em que se situa o resíduo de desvio, de déficit, em torno do que se especifica a estrutura da neurose – e, por outro lado, alguma coisa que a análise contemporânea despreza constantemente, ao passo que é em toda parte sensível e viva para Freud, ou seja, a incidência do Pai real, a qual, mesmo boa, mesmo benéfica, pode, em função dessa estrutura, determinar efeitos devastadores, até mesmo maléficos.

Há nisso tudo um detalhe da articulação clínica em que não posso me engajar, nem nele envolvê-los, ainda que não fosse por razões da hora. Basta saberem que, se há alguma coisa que Freud promove ao primeiro plano da experiência moral, é efetivamente o drama que se desenrola em certo lugar que precisamos de fato reconhecer – seja qual for a denegação motivada de Freud referente a toda inclinação pessoal para o sentimento religioso, para a religiosidade – por ser, apesar de tudo, aquele onde se articula como tal uma experiência acerca da qual decerto a mais recente das preocupações de Freud é qualificá-la como religiosa, já que ele tende a universalizá-la, articulando-a porém nos termos mesmos em que a experiência religiosa propriamente judaico-cristã a desenvolveu e articulou.

Em que sentido o monoteísmo interessa a Freud? Ele sabe, tão bem quanto qualquer um de seus discípulos, que os deuses são inumeráveis e instáveis como figuras do desejo, que são suas metáforas vivas. Mas esse não é o caso do Deus único. Se ele vai buscar seu protótipo num modelo histórico, o modelo visível do Sol da primeira revolução religiosa egípcia, a de Aquenaton, é para juntar-se ao modelo espiritual de sua própria tradição: o Deus dos Dez Mandamentos.

Ao fazer de Moisés um egípcio para repudiar o que eu chamaria de raiz racial do fenômeno, a psicologia da Coisa, ele parece adotar o primeiro. O segundo faz com que articule como tal em sua exposição a primazia do invisível, na medida em que esta caracteriza a promoção do laço paterno, fundado sobre a fé e a lei, que prevalece sobre o laço materno, que, por sua vez, é fundado numa carnalidade manifesta. São estes os termos de Freud.

O valor sublimatório da função do Pai é assinalado em termos próprios, ao mesmo tempo em que aflora a forma propriamente verbal, até mesmo poética, de sua conseqüência, já que é à tradição dos profetas que ele atribui a carga de fazer progressivamente aflorar na história de Israel, ao longo das eras, o retorno de um monoteísmo recalcado por uma tradição sacerdotal mais formalista. Esse retorno, em suma, prepara em imagem, e segundo as Escrituras, a possibilidade da repetição do atentado contra o Pai primordial no drama da redenção, em que esse atentado se torna patente – é ainda Freud quem escreve.

Se aponto esses traços essenciais da doutrina freudiana é porque, diante do que isso representa de coragem, atenção, enfrentamento da verdadeira questão, parece-me de pequena monta recriminar Freud por não acreditar que Deus exista, ou mesmo por acreditar que Deus não exista. O drama de que se trata é articulado a um valor humano universal. Freud indubitavelmente aqui vai além, por sua amplitude, do âmbito de toda ética, pelo menos daquelas que pretendem não proceder pelas vias da Imitação de Jesus Cristo.

Diria eu que a via de Freud procede à altura do homem? Não o diria tão prontamente. Pode ser que amanhã vocês vejam onde pretendo situar Freud em relação à tradição humanista.

No ponto em que estamos, vejo o homem sobredeterminado por um *logos* que está por toda a parte em que também se encontra sua *anankê*, sua necessidade. Esse *logos* não é uma superestrutura. Mais que isso, é antes uma subestrutura, já que sustenta a intenção, articula nela a falta do ser, e condiciona sua vida de paixão e sacrifício.

Não, a reflexão de Freud não é humanista. Nada permite aplicar-lhe esse termo. Ela é, contudo, da tolerância e da moderação. Digamos que seja humanitária, apesar dos maus relentos dessa palavra em nossa época. Porém, coisa curiosa, não é progressista, não deposita fé alguma em um movimento de liberdade imanente, nem na consciência, nem na massa. Estranhamente, é por meio disso que ele vai além do meio burguês da ética contra o qual não poderia, aliás, se insurgir, assim como tampouco contra tudo o que acontece em nossa época, incluindo-se a ética que reina no Leste, que, como qualquer outra, é uma ética da ordem moral e do serviço do Estado.

O pensamento de Freud daí se demarca. A própria dor parece-lhe inútil. Para ele, o mal-estar da civilização resume-se nisto: tanto sofrimento para um resultado cujas estruturas terminais são antes agravantes. Os melhores são aqueles que exigem sempre mais de si mesmos. Deixemos à massa, assim como à elite, alguns momentos de repouso.

No meio de tantas dialéticas implacáveis, não seria isso uma palinódia irrisória? Espero amanhã lhes mostrar que não.

A moral, como a tradição antiga nos ensina, tem três níveis, o do soberano bem, o da honestidade e o da utilidade.

No nível do soberano bem, a posição de Freud é que o prazer não é o soberano bem. Tampouco é o que a moral recusa. Ele indica que o bem não existe, e que o soberano bem não poderia ser representado.

Não é desígnio de Freud fazer da psicanálise algo como o esboço da honestidade de nossa época. Ele está bem longe de Jung e de sua religiosidade, a qual espanta vermos preferida nos meios católicos, até mesmo protestantes, como se a gnose pagã, ou mesmo uma feitiçaria rústica, pudesse renovar as vias de acesso ao Eterno.

Não esqueçamos que Freud foi quem introduziu a noção de que a culpa tinha suas raízes no nível do inconsciente, articulada sobre um crime fundamental pelo qual ninguém individualmente pode responder, nem deve fazê-lo. A razão, porém, sente-se em casa no mais profundo do homem, na medida em que o desejo é escala de linguagem articulada, ainda que não seja articulável.

Vocês provavelmente vão me interromper agora. Razão, o que significa isso, há lógica ali onde não há negação? Decerto Freud o disse e mostrou: não há negação no inconsciente, mas isso também é verdade para uma análise rigorosa segundo a qual é do inconsciente que a negação provém, como em francês a articulação desse "ne" discordancial valoriza tão graciosamente e do qual nenhuma necessidade do enunciado absolutamente necessita. "Je crains qu'il ne vienne" não quer simplesmente dizer temo que ele não venha, como implica a que ponto desejo isso. Freud está seguramente falando no coração desse núcleo de verdade em que o desejo e sua regra se dão as mãos, nesse "isso" em que sua natureza participa menos do ente do homem que dessa falta-a-ser cuja marca ele carrega.

Esse conluio do homem com uma natureza que, misteriosamente, opõe-se a si mesma, e onde ele gostaria de encontrar repouso para seu sofrimento, encontrando o tempo medido da razão, é isso que espero mostrar-lhes, o que Freud indica – sem pedantismo, sem espírito de reforma, e como aberto a uma loucura que supera de longe o que Erasmo sondou de suas raízes.

II

A psicanálise é constituinte da ética exigida pelo nosso tempo?

Monsenhor, senhoras, senhores,

Deixei-lhes ontem com uma série de pontos de vista decisivos sobre Freud, sobre sua posição na ética, sobre a honestidade de sua visada.

Acho que Freud está bem mais próximo do mandamento evangélico "Amarás teu próximo" do que consente. Pois não consente nele, repudia-o como excessivo enquanto imperativo, se não como escarnecido enquanto preceito por seus frutos visíveis numa sociedade que preserva o nome de cristã. Mas é de fato que ele se interroga sobre esse ponto.

Fala sobre isso na espantosa obra intitulada *Mal-estar na civilização*. Tudo reside no sentido do "como a ti mesmo" que conclui a fórmula. A paixão desconfiada de quem desmascara detém Freud diante desse "como". É do peso do amor que se trata. Freud sabe com efeito que o amor próprio é bem grande, sabe-o superiormente, tendo reconhecido que a força do delírio está em ter sua fonte nele. "*Sie lieben ihren wähnen wie sich selbst*", eles amam o delírio como a si mesmos, escreve ele. Essa força é a que ele designou como narcisismo. Ela comporta uma dialética secreta em que os psicanalistas não se saem bem. Ei-la. É para concebê-la que introduzi na teoria a distinção propriamente metódica do simbólico, do imaginário e do real.

Sem dúvida amo a mim mesmo, e com todo o furor viscoso em que a bolha vital ferve sobre si mesma e se infla em uma palpitação ao mesmo tempo voraz e precária, não sem fomentar em seu seio o ponto vivo de onde sua unidade voltará a brotar, disseminada de sua própria explosão. Em outras palavras, sou ligado a meu corpo pela energia própria que Freud situou no princípio da energia psíquica, o Eros que faz os corpos vivos se conjugarem para se reproduzir, que ele chama de libido.

Mas o que amo, na medida em que existe um eu a que me vinculo por uma concupiscência mental, não é esse corpo cujo batimento e pulsação escapam mais evidentemente ao meu controle, mas uma imagem que me engana ao me mostrar meu corpo em sua *Gestalt*, sua forma. Ele é belo, é grande, é forte, o é mais ainda por ser feio, pequeno e miserável. Só me amo na medida em que me desconheço essencialmente, amo apenas um outro, um outro com um pequeno *a* inicial, daí o costume de meus alunos de o chamar de "o pequeno outro".

Nada de surpreendente no fato de ser nada mais que eu mesmo que amo em meu semelhante. Não apenas na devoção neurótica, se indico o que a experiência nos ensina, mas igualmente na forma extensiva e utilizada do altruísmo, seja ele educativo ou familiar, filantrópico, totalitário ou liberal, à qual freqüentemente almejaríamos ver corresponder algo como a vibração da garupa magnífica do animal desafortunado, o homem só faz passar seu amor-próprio. Provavelmente esse amor já foi há muito tempo detectado em suas extravagâncias, mesmo gloriosas, pela investigação moralista de suas pretensas virtudes. Mas a investigação analítica do eu permite identificá-lo com a forma do odre [*outre*], com o excesso [*outrance*] da sombra cuja vítima será o caçador, com a vaidade de uma forma visual. Eis a face ética do que articulei, para ser compreendido, sob a expressão "estádio do espelho".

O eu é feito, Freud nos ensina, das identificações superpostas à maneira de casca, espécie de armário cujas peças trazem a marca do tudo-pronto, embora a combinação não raro seja bizarra. Nas identificações com suas formas imaginárias, o homem julga reconhecer o princípio de sua unidade sob a aparência de um domínio de si mesmo da qual ele é o tolo necessário, seja ou não ela ilusória, pois essa imagem de si mesmo não o contém em nada. Embora seja imóvel, apenas seu esgar, sua flexibilidade, sua desarticulação, seu desmembramento, sua dispersão aos quatro ventos esboçam indicar qual é seu lugar no mundo. Ser-lhe-á necessário ainda muito tempo para que abandone a idéia de que o mundo foi fabricado à sua imagem e para que reconheça que o que ele encontrava, dessa imagem, sob a forma dos significantes que sua indústria começara a espalhar pelo mundo, era, desse mundo, a essência.

É aqui que aparece a importância decisiva do discurso da ciência dita física, e o que coloca a questão de uma ética à medida de um tempo especificado como nosso tempo.

O que o discurso da ciência desmascara é que nada mais resta de uma estética transcendental mediante a qual se estabeleceria um acordo, ainda que perdido, entre nossas intuições e o mundo. A realidade física verifica-se doravante impenetrável a qualquer analogia com qualquer tipo do homem universal. Ela é plena, totalmente inumana. O problema que se abre para nós não é mais o do co-nascimento, de uma co-naturalidade em que entrevemos a amizade das aparências. Sabemos o que cabe à terra e ao céu, ambos são vazios de Deus, e a questão é saber o que fazemos aparecer nas disjunções que constituem nossas técnicas.

Nossas técnicas, digo, e talvez vocês me repliquem quanto a isso – "Técnicas humanas, e a serviço do homem". Tudo bem, mas elas assumiram uma medida de eficácia, considerando que seu princípio é uma ciência que, se é que posso dizer, só se desencadeou ao renunciar a todo antropomorfismo, mesmo o da boa *Gestalt* das esferas cuja perfeição era o garante de que fossem eternas, e igualmente, ao da força cujo *impetus* foi sentido no cerne da ação humana.

Nossa ciência é uma ciência de pequenos signos e equações. Ela participa do inconcebível precisamente na medida em que dá razão a Newton contra Descartes. Essa ciência não tem forma atômica por acaso, pois foi a produção do atomismo do significante que a estruturou. Esse atomismo sobre o qual quiseram reconstruir nossa psicologia, contra o qual nos insurgimos quando se trata de compreendermos a nós mesmos, só o reconheceríamos se estivéssemos por ele, esse atomismo, habitado. Daí Freud ter podido partir das hipóteses do atomismo psicológico, possamos ou não dizer que o tenha assumido. Ele não trata os elementos da associação como idéias que exigem a gênese de sua depuração a partir da experiência, mas como significantes, cuja constituição implica em primeiro lugar sua relação com o que se esconde de radical na estrutura como tal, ou seja, o princípio de permutação, a saber, que uma coisa possa ser colocada no lugar de outra e apenas com isso representá-la.

Trata-se de um sentido da palavra "representação" que nada tem a ver com o das pinturas, dos *Abschäumungen*, em que o real supostamente faria conosco um tipo de strip-tease qualquer. Assim, Freud a articula propriamente, usando, para dizer o que é recalcado, não o termo *Vorstellung*, ainda que a ênfase recaia sobre o representativo no material do inconsciente, mas *Vorstellungsrepräesentanz*.

Não vou me estender quanto a isso. Não me entrego aqui a nenhuma construção filosófica, tento me reconhecer no material mais imediato da minha experiência. Se recorro ao texto de Freud para testemunhar essa experiência, é porque há nele uma conjunção rara – diga o que diga uma crítica tão venenosa quanto não compreensiva, como acontece àqueles que só têm na boca a palavra "compreensão" –, uma rara combinação, eu dizia, excepcional na história do pensamento, entre o dizer de Freud e a Coisa que ele descobre para nós. O que isso comporta de lucidez nele é evidente, porém, no final das contas, de acordo com o que ele descobre para nós, eu chegaria a ponto de dizer que a ênfase de consciência colocada sobre este ou aquele aspecto de seu pensamento é aqui secundária.

As representações aqui nada mais têm de apolíneo. Elas têm uma destinação elementar. Nosso aparelho neurológico opera na medida em que alucinamos o que pode responder, em nós, a nossas necessidades. Isso talvez seja um perfeccionismo em relação ao que podemos presumir do modo reativo da ostra escondida na rocha, mas é perigoso na medida em que nos deixa à mercê de uma simples amostragem gustativa, se posso dizer, ou palpatória, da sensação. Em última instância resta-nos apenas nos beliscar para saber se não estamos sonhando. Pelo menos é este o esquema que podemos fornecer do que se articula no duplo princípio que comanda, segundo Freud, o acontecimento psíquico, princípio de prazer e princípio de realidade, considerando que nisso se articula a fisiologia da relação dita natural do homem com o mundo.

Não nos deteremos no paradoxo que constitui tal concepção do ponto de vista de uma teoria da adaptação da conduta, na medida em que esta dá a lei da tentativa de reconstrução de certa concepção da etologia. O que é preciso ver é o que é introduzido, nesse esquema do aparelho, por seu funcionamento efetivo, uma vez que Freud ali descobre o elo dos efeitos propriamente inconscientes.

Ninguém percebeu autenticamente a inversão comportada, no próprio nível do duplo princípio, pelo efeito do inconsciente. Inversão, ou antes recusa dos elementos aos quais esses princípios são ordinariamente associados.

É à tarefa de satisfação da necessidade que se dedica a função do princípio de realidade, e sobretudo o que a ela se prende episodicamente de consciência, ao passo que a consciência está ligada aos elementos do sensorial privilegiado na medida em que estes são convocados pela imagem primordial do narcisismo. Inversamente, são os processos do pensamento, todos os processos do pensamento – incluindo [*compris*] aí, eu ia dizer comprometendo-se [*compromis*], o próprio juízo –, que são dominados pelo princípio do prazer. Jazendo no inconsciente, eles só são dali retirados pela verbalização teorizante que dali os extrai para reflexão, sendo o único princípio de eficácia, para essa reflexão, o fato de que eles já estão organizados, como dissemos ontem, segundo a estrutura da linguagem.

Eis a verdadeira razão do inconsciente, que o homem saiba na origem que ele subsiste numa relação de ignorância, ou seja, que o acontecimento psíquico do homem comporta uma divisão primordial mediante a qual tudo aquilo que ele ressoa, sob qualquer rubrica que se coloque, apetite, simpatia e, em geral, prazer, deixa do lado de fora e contorna a Coisa a que se destina tudo o que ele experimenta numa orientação do significante já predicativo.

Tudo isso não foi desalojado por mim do *Entwur*, esse *Projeto de psicologia* descoberto nos papéis da correspondência de Freud com Fliess. Isso ali é claro, decerto, mas só assume valor por mostrar a ossatura de uma reflexão que desabrochou numa prática incontestável. A ligação estreita que Freud demonstra do que chama de *Wissbegierde*, o que em alemão é bem forte, a *cupido sciendi*, deveríamos dizer em francês *avidité curieuse* [avidez curiosa], com a virada decisiva da libido, é um fato patente que repercute em mil traços determinantes no desenvolvimento individual da criança.

Essa Coisa, porém, não é de forma alguma objeto e não poderia sê-lo, na medida em que seu termo só surge como correlato de um sujeito hipotético na medida em que esse sujeito desaparece, esvanece – *fading* do sujeito, e não termo –, sob a estrutura significante. O que a intenção mostra efetivamente é que essa estrutura já está ali antes que o sujeito tome a palavra e com ela se faça portador de uma verdade qualquer, ou pretenda qualquer reconhecimento. A Coisa é portanto aquilo que, em qualquer vivente que venha habitar um discurso e que se profira em fala, marca o lugar onde ele padece de que a linguagem se manifesta no mundo. É assim que vem a surgir o ser por toda a parte onde o Eros da vida encontra o limite de sua tendência unitiva.

Essa tendência à união é, em Freud, de um nível organísmico, biológico, como se diz. No entanto, ela nada tem a ver com o que uma biologia, ciência física mais recente, apreende. É um modo de captura, erotizado, dos orifícios principais do corpo. Daí a famosa definição freudiana da sexualidade, de que se quis deduzir uma pretensa relação de objeto dita oral, anal, genital. Essa noção de relação de objeto carrega em si uma profunda ambigüidade, na realidade uma pura e simples confusão, pois imprime a um correlato natural um caráter de valor, camuflado sob uma referência a uma norma de desenvolvimento.

É com tais confusões que a maldição de são Mateus, a respeito daqueles que juntam novos fardos para com eles carregar os ombros dos outros, viria a chocar aqueles que autorizam no homem a suposição de alguma tara pessoal no princípio da insatisfação.

Embora Freud, melhor do que jamais fez ao longo dos séculos a casuística ontológica, tenha detectado os motivos da depreciação da relação amorosa, ele a reportou em primeiro lugar ao drama do Édipo, isto é, a um conflito dramático que articula uma fenda mais profunda do sujeito, uma *Unverdrängung*, um recalcamento arcaico. Por conseguinte, se dava seu lugar ao recalcamento secundário que força as correntes que ele distingue como da ternura e do desejo a se dissociarem, Freud nem por isso teve a audácia de propor um tratamento radical desse conflito inscrito na estrutura. Se o esboçou, como nunca fizera nenhuma caracterologia primitiva nem moderna, o que designou como tipos libidinais, foi para formular expressamente que vinha ratificar a existência, em última instância, de algo irremediavelmente falseado na sexualidade humana.

Eis provavelmente por que Ernest Jones, no artigo necrológico que lhe coube escrever para aquele que era o mestre mais apaixonadamente admirado, não pôde deixar, mesmo sendo partidário declarado de uma *Aufklärung* resolutamente antireligiosa, de situá-lo, a título de sua concepção do destino do homem, sob o patrocínio, escreve ele, dos Padres da Igreja.

Vamos adiante. Embora Freud atribua à moralidade sexual o nervosismo reinante no civilizado moderno, sequer pretende propor uma solução genérica para um melhor agenciamento dessa moralidade.

O objeto recentemente imaginado pela psicanálise como medida da adequação libidinal informaria com seu tipo toda uma realidade como modo de relação do sujeito com o mundo. Relação voraz, relação retentiva, ou ainda – como se exprime em um termo que carrega a marca de uma intenção moralizante na qual, convém dizer, que a defesa da psicanálise na França julgou dever disfarçar o seu primeiro freio – relação oblativa, que se verificaria o advento idílico da relação genital. Caberia ao psicanalista recalcar a perversão inerente ao desejo humano no inferno do pré-genital como conotado de regressão afetiva? Caberia a ele devolver ao esquecimento a verdade confessada no mistério antigo segundo a qual "Eros é um Deus negro"?

O objeto com que lidamos não desenha senão uma imputação grosseira dos efeitos de frustração que a análise se encarregaria de moderar. O único resultado é camuflar seqüências muito mais complexas, cuja riqueza e singularidade parecem sofrer um estranho eclipse em certa utilização ortopédica da análise.

O papel singular do falo na intrínseca disparidade – busco aqui um equivalente do termo inglês *odd* – de sua função, a função viril, situa-se na duplicidade da castração superada do Outro, cuja dialética parece subjugada no caminho pela fórmula "Ele não é sem tê-lo", ao passo que a feminilidade é submetida à experiência primitiva da privação para acabar querendo fazer o falo existir simbolicamente através do produto do parto, que este o tenha ou não.

Esse objeto terceiro, o falo, destacado da dispersão osiriana a que ainda há pouco aludíamos, desempenha a função metonímica mais secreta, segundo se interponha-se ou reabsorva na fantasia do desejo. Entendamos que essa fantasia está no nível da cadeia do inconsciente, o que corresponde à identificação do sujeito que fala como eu [*moi*] no discurso da consciência. Na fantasia, o sujeito experimenta-se como o que ele quer no nível do Outro, dessa vez representado por um grande A, isto é, no lugar em que ele é verdade sem consciência e sem recurso. É aí que ele se faz, na densa ausência chamada desejo.

O desejo não tem objeto, a não ser, como o demonstram suas singularidades, o acidental, normal ou não, que acabou significando, seja num lampejo ou numa relação permanente, os confins da Coisa, isto é, desse nada em torno do qual toda paixão humana cerra seu espasmo de modulação curta ou longa, e de retorno periódico.

A paixão da boca mais apaixonadamente cevada é aquele nada em que, na anorexia mental, reivindica a privação em que se reflete o amor. A paixão do avaro é aquele nada a que é reduzido o objeto encerrado em seu estojo bem-amado. Como, sem a cópula que vem conjugar o ser enquanto falta e esse nada, a paixão do homem acharia como se satisfazer?

Eis por que, embora a mulher se contente, em sigilo consigo própria, com aquele que satisfaz ao mesmo tempo sua necessidade e sua falta, o homem, que busca sua falta-a-ser para além de sua necessidade, não obstante bem mais garantida que a da mulher, encontra aqui o declive de uma inconstância ou, mais exatamente, de uma duplicação do objeto, cujas afinidades com o que há de fetichismo na homossexualidade foram muito curiosamente sulcadas pela experiência analítica, quando não sempre justamente e bem reunidas na teoria.

Não creiam, por isso, que faço a mulher mais favorecida no caminho do gozo. Não lhe faltam dificuldades peculiares, e são provavelmente mais profundas. Mas este não é objeto a ser tratado por nós aqui, ainda que logo deva ser abordado por nosso grupo com a colaboração da Sociedade holandesa.

Será que consegui pelo menos transmitir aos seus espíritos os elos dessa topologia que põe no coração de cada um de nós esse lugar hiante de onde o nada nos interroga sobre nosso sexo e sobre nossa existência? É este o lugar em que temos de amar o próximo como a nós mesmos, porque nele este lugar é o mesmo.

Nada está seguramente mais próximo de nós que esse lugar. Para que seja ouvido, pegarei emprestada a voz do poeta que, independentemente de seus acentos religiosos, foi reconhecido pelos surrealistas como um dos seus entre seus primogênitos. Trata-se de Germain Nouveau, que se assinava *Humilis*:

Irmão, ó doce mendigo que cantas em pleno vento,
Ama-te como o ar do céu ama o vento.

Irmão, que empurras os bois pelos montes de terra,
Ama-te como nos campos a gleba ama a terra.

Irmão, que fazes vinho do sangue das uvas de ouro,
Ama-te como uma cepa que ama seus cachos de ouro.

Irmão, que fazes pão, casca dourada e miolo,
Ama-te como no forno a casca ama o miolo.

Irmão, que fazes o hábito, alegre tecelão de pano,
Ama-te, como em si a lã ama o pano.

Irmão, cujo barco fende o azul-verde das ondas,
Ama-te como no mar as marés amam as ondas.

Irmão, alaudista, alegre casador de sons,
Ama-te como sentimos a corda amar os sons.

Mas em Deus, Irmão, sabe amar como a ti mesmo
Teu irmão, e, quem quer seja, que ele seja como ti mesmo.

Eis o mandamento do amor ao próximo.

Freud tem razão ao parar nesse ponto, perturbado com sua invocação, porque a experiência mostra – e a análise articula como um momento decisivo de sua descoberta – a ambivalência pela qual o ódio segue como sombra todo o amor por esse próximo que é, de nós, também o que é mais estrangeiro.

Como, a partir disso, não assediá-lo com provas que dele façam brotar o único grito que poderá no-lo dar a conhecer? Como Kant não vê contra o que se choca sua razão prática, toda burguesa, por se erigir em regra universal? A debilidade das provas por ele apresentadas só tem a seu favor a fraqueza humana, em que se sustenta o corpo nu que um Sade pode lhe atribuir, do gozo sem freio e para todos. Para tal seria preciso mais que sadismo – um amor absoluto, isto é, impossível.

Não seria esta a chave da função da sublimação em que estou em vias de deter aqueles que me seguem em meu ensino? Sob diversas formas o homem tenta compor com a Coisa – na arte fundamental, que a faz representar no vazio do vaso em que se fundou a aliança de sempre – na religião, que lhe inspira o medo da Coisa e o fato de se manter à distância correta – na ciência, que não acredita nisso, mas que vemos agora confrontada com a maldade fundamental da Coisa.

O *Trieb* freudiano, noção primordial, e a mais enigmática, da teoria, veio fazer isso tropeçar, para grande escândalo de seus discípulos, na forma e na fórmula do instinto de morte. Eis, porém, a resposta da Coisa quando não queremos mais saber dela. Ela também não sabe nada de nós.

Mas esta também não é uma forma da sublimação em torno da qual o ser do homem, mais uma vez, gira em torno de seu eixo? Essa libido, sobre a qual Freud nos diz que nenhuma força no homem está mais ao alcance de se sublimar, não é o último fruto da sublimação pela qual o homem moderno responde à sua solidão?

Que a prudência aqui me proteja de avançar rápido demais!

Que as leis sejam por nós protegidas, só por meio delas podemos encontrar o caminho da Coisa. Essas são as leis da fala, pelas quais a Coisa é cercada.

Coloquei perante vocês a questão que está no coração da experiência freudiana. Talvez o tenha feito loucamente, pois as armadilhas da mestria psicológica não são desvendadas sequer entre aqueles que poderiam parecer os mais bem preservados delas.

Deixei-me dizer que havia seminários em que se fazia a psicologia de Cristo. O que isso quer dizer? Será para saber por que ponta seu desejo podia ser agarrado?

Ensino algo cujo termo é obscuro. Devo desculpar-me aqui – fui levado a isso por uma necessidade premente, da qual a que me fez aparecer aqui diante de vocês não passa de um pequeno momento, que os ajudará, espero, a compreender.

Mas não estou contente de estar aqui. Este não é o meu lugar, e sim na cabeceira do divã onde meu paciente me fala.

Portanto, que o filósofo não se levante, como aconteceu a Ibn Arabi, para vir ao meu encontro me prodigalizando marcas de sua consideração e amizade, e para finalmente me abraçar e dizer "Sim".

Naturalmente, como Ibn Arabi, vou lhe responder dizendo-lhe "Sim". E sua alegria se acentuará ao constatar que o terei compreendido.

Porém, ao tomar consciência do que terá provocado sua alegria, terei de acrescentar – "Não".

O Triunfo da Religião

Governar, educar, analisar

— Por que o senhor diz que o psicanalista está numa posição insustentável?

Observo que não fui o primeiro a dizê-lo. Alguém o disse, alguém a quem podemos dar crédito no que diz respeito à posição do psicanalista, a saber, Freud.

Essa característica, de ser insustentável, Freud a estendia a um certo número de outras posições, entre elas a de governar. Isso já é dizer que uma posição insustentável é justamente aquilo em direção à qual todo mundo se lança, uma vez que nunca faltam candidatos para governar. É como na psicanálise, em que não faltam candidatos.

"Analisar", "governar", Freud acrescentava ainda "educar".

Neste último caso, aí é que não faltam candidatos. É uma posição inclusive reputada como vantajosa. Quero dizer que não apenas não faltam candidatos, como não faltam pessoas que recebem o carimbo, isto é, que são autorizadas a educar. Isso não quer dizer que tenham a mínima espécie de idéia do que seja educar. As pessoas não percebem muito bem o que querem fazer quando educam. Tentam, assim mesmo, ter uma pequena idéia, mas raramente refletem sobre ela.

O sinal de que, não obstante, há alguma coisa capaz de os inquietar, pelo menos de tempos em tempos, é que às vezes são tomados por alguma coisa de muito particular, que só os analistas para conhecerem bem, isto é, a angústia. Eles são tomados pela angústia quando pensam no que consiste educar. Contra a angústia, há um monte de remédios, em particular certo número de "concepções do homem", do que seja o homem. Isso varia muito, a concepção que se pode ter do homem, embora ninguém o perceba.

Interessei-me muito recentemente por um excelente livro que tem relação com a educação, uma antologia dirigida por Jean Château, que era aluno de Alain. Ainda não o terminei. É absolutamente sensacional, começa em Platão, e continua por determinado número de pedagogos. Percebe-se ao lê-lo o que é o cerne da educação, isto é, certa idéia do que é preciso para fazer homens – como se fosse a educação que os fizesse.

Na verdade, não é obrigatório que o homem seja educado. Ele faz sua educação por si só. De uma forma ou de outra, ele se educa. Convém efetivamente que aprenda alguma coisa, que ele quebre um pouco a cabeça. Os educadores são pessoas que julgam poder ajudá-lo. Consideram inclusive que há um mínimo a ser dado para que os homens sejam homens, e que isso passa pela educação. Não estão completamente errados. É preciso de fato certa educação para que os homens consigam se suportar.

Em relação a isso, há o analista.

Governar e educar têm essa diferença considerável em relação a analisar: é que isso se faz desde sempre. E se multiplica. Não se pára de governar, não se pára de educar. Já o analista não tem tradição alguma. É um autêntico recém-chegado. Assim é que, entre as posições impossíveis, ele encontrou uma nova para si. Não é particularmente cômodo para a maioria dos analistas sustentar essa posição quando se tem apenas um pequeno século atrás de si para se referenciar. A novidade reforça o caráter impossível da coisa.

Os analistas, a partir do primeiro deles, tiveram que descobrir essa posição, e perceberam muito bem seu caráter impossível. Eles o fizeram brotar de novo sobre a posição de governar e sobre a de educar. Como estavam no estágio de seu despertar, isso lhes permitiu perceber que as pessoas que governam, assim como as que educam, não fazem no final das contas a mínima idéia acerca do que fazem. Isso não as impede de fazê-lo, e inclusive de fazê-lo muito mal. Afinal, governantes não deixam de ser necessários, e governantes governam, isso é um fato. Não apenas governam, como isso agrada a todos.

— *Redescobre-se Platão.*

Sim, redescobre-se Platão. Não é difícil redescobrir Platão. Platão disse grandes banalidades, e naturalmente redescobrimo-las.

A chegada do analista à sua função própria permitiu uma iluminação lateral do que sejam as outras funções. Dediquei um ano de seminário a explicar a relação que irrompe em virtude da existência dessa função completamente nova que é a função analítica, e em que ela ilumina as outras. Isso me levou a mostrar ali articulações que não são comuns. Se fossem comuns, as funções não difeririam. Eu revelei como isso pode se manipular, e de uma forma muito simples, graças a quatro pequenos elementos que mudam de lugar e que giram. Isso acaba fazendo coisas muito interessantes.

A ANGÚSTIA DOS CIENTISTAS

Há uma coisa de que Freud não falou, porque era tabu para ele, a saber, a posição do cientista. É igualmente uma posição impossível, só que a ciência não faz ainda a menor idéia disso, e esta é sua oportunidade. Somente agora os cientistas começam a ter crises de angústia.

Suas crises de angústia não têm mais importância que qualquer outra crise de angústia. A angústia é coisa totalmente inútil, desprezível. Mas é divertido ver nestes últimos tempos alguns cientistas que trabalham em laboratórios seriíssimos alarmarem-se de repente, ficarem com medo, o que significa ter um cagaço, e se dizerem: "Suponham, depois de termos feito delas um instrumento sublime de destruição da vida, que um fulano liberte do laboratório todas essas pequenas bactérias com as quais fazemos coisas maravilhosas."

Isso ainda não foi feito. Não chegaram a esse ponto. Mas eles começam a ter uma pequena idéia de que seria possível fazer bactérias resistentes a tudo, que não pudessem mais ser detidas. Isso talvez limpasse a superfície do globo de todas essas coisas de merda, em particular humanas, que o habitam. E então sentiram-se de repente tomados por uma crise de responsabilidade. Embargaram certo número de pesquisas.

Talvez essa idéia não seja tão má, talvez o que eles façam possa ser muito perigoso. Não acredito nisso. A animalidade é inquebrantável. Não serão as bactérias que nos livrarão de tudo isso. Mas por causa disso eles tiveram uma típica crise de angústia, e uma espécie de interdição, pelo menos provisória, foi lançada. Disseram que era preciso examinar duas vezes antes levar mais longe certos trabalhos sobre bactérias. Que alívio sublime seria, no entanto, se de repente estivéssemos lidando com um verdadeiro flagelo, um flagelo saído das mãos dos biólogos. Seria realmente um triunfo. Significaria que a humanidade teria de fato chegado a alguma coisa – sua própria destruição. Seria verdadeiramente sinal da superioridade de um ser sobre todos os outros. Não apenas sua própria destruição, mas a destruição de todo o mundo vivo. Seria verdadeiramente sinal de que o homem é capaz de alguma coisa. Mas isso causa assim mesmo um pouco de angústia. Ainda não chegamos a esse ponto.

Como a ciência não faz nenhuma espécie de idéia do que faz, exceto ter um pequeno acesso de angústia, ela vai continuar durante um tempo. Graças a Freud provavelmente, ninguém sequer sonhou dizer que era igualmente impossível haver uma ciência que tivesse resultados como governar e educar. Apesar disso, se dela podemos ter um pequeno vislumbre, é pela análise.

A análise é uma função ainda mais impossível que as outras. Não sei se vocês estão a par, ela se ocupa muito especialmente do que não funciona. Por conseguinte, ela se ocupa dessa coisa que é preciso chamar pelo seu nome – devo dizer que ainda sou o único a tê-la chamado por este nome –, o real.

É a diferença entre o que funciona e o que não funciona. O que funciona é o mundo. O real é o que não funciona. O mundo caminha, gira em círculo, é sua função de mundo. Para se aperceber de que não há mundo, ou seja, que há coisas em que apenas os imbecis acreditam no mundo, basta observar que há coisas que fazem que o mundo seja imundo, se assim posso me exprimir. É disso que se ocupam os analistas, de modo que, ao contrário do que se acredita, eles são muito mais confrontados ao real que os próprios cientistas. Eles só se ocupam disso. São forçados a sofrê-lo, isto é, esticar as costas o tempo todo. Convém para esse fim que estejam excepcionalmente couraçados contra a angústia. Já é alguma coisa eles pelo menos poderem falar da angústia.

Quando falei sobre o assunto em 1962-3, no momento em que ocorreu na psicanálise francesa o que ficou conhecido como segunda cisão, isso causou um pouco de efeito, um pequeno turbilhão. Um dos meus alunos, que seguira o ano inteiro o meu seminário sobre a angústia, veio me ver entusiasmado a ponto de me dizer que devia me colocar num saco e me afogar. Ele me amava tanto que esta era a única conclusão que lhe parecia possível. Xinguei-o com palavras injuriosas e o botei porta afora. Isso não o impediu de sobreviver e, até mesmo, de acabar se associando à minha Escola.

Vocês vêem como são as coisas. As coisas são feitas de esquisitices. Talvez seja um caminho pelo qual se possa esperar um futuro da psicanálise – ela devia se dedicar suficientemente à esquisitice.

O TRIUNFO DA RELIGIÃO

— *Ainda há pouco o senhor disse: "Se a religião triunfar, é que a psicanálise terá fracassado." O senhor acha que atualmente se vai ao psicanalista como antes se ia ao confessor?*

Não podiam deixar de me fazer essa pergunta. Essa história de confissão é conversa para boi dormir. Por que acha que as pessoas se confessam?

— *Quando se vai ao psicanalista, também se confessa.*

Mas de forma alguma! Isso não tem nada a ver. Na análise, começa-se por explicar às pessoas que elas não estão ali para se confessar. É o começo da arte. Elas estão ali para dizer – dizer qualquer coisa.

— *Como o senhor explica o triunfo da religião sobre a psicanálise?*

Não é de maneira alguma por intermédio da confissão. Se a psicanálise não triunfar sobre a religião, é porque a religião é inquebrantável. A psicanálise não triunfará: sobreviverá ou não.

— *O senhor está convencido de que a religião triunfará?*

Sim. Não triunfará apenas sobre a psicanálise, triunfará sobre muitas outras coisas também. É inclusive impossível imaginar quão poderosa é a religião.

Falei há pouco do real. O real, por pouco que a ciência aí se meta, vai se estender, e a religião terá então muito mais razões ainda para apaziguar os corações. A ciência é novidade, e introduzirá um monte de coisas perturbadoras na vida de todos. Ora, a religião, sobretudo a verdadeira, tem recursos de que sequer se suspeita. Por ora, basta ver como ela fervilha. É absolutamente fabuloso.

Eles gastaram um tempo, mas de repente compreenderam qual era sua chance com a ciência. Vão precisar dar um sentido a todas as reviravoltas introduzidas pela ciência. E, no que se refere ao sentido, eles conhecem um bocado. São capazes de dar um sentido realmente a qualquer coisa. Um sentido à vida humana, por exemplo. São formados nisso. Desde o começo, tudo o que é religião consiste em dar um sentido às coisas que outrora eram as coisas naturais. Não é porque as coisas vão se tornar menos naturais, graças ao real, que se vai parar de secretar o sentido. E a religião vai dar um sentido às experiências mais curiosas, aquelas pelas quais os próprios cientistas começam a sentir uma ponta de angústia. A religião vai encontrar para isso sentidos truculentos. É só ver o andar da carruagem, como eles estão se atualizando.

— *A psicanálise vai se tornar uma religião?*

A psicanálise? Não. Pelo menos, espero.

Ela talvez se torne com efeito uma religião – quem sabe, por que não – mas não acho que seja este o meu viés. A psicanálise não surgiu num momento histórico qualquer. Surgiu correlativamente a um passo capital, a um certo avanço do discurso da ciência.

Vou lhes dizer o que digo sobre isso em meu pequeno relatório, o material que cogitei para o Congresso: a psicanálise é um sintoma. Só que é preciso descobrir de quê. Ela faz nitidamente parte desse mal-estar da civilização de que Freud falou. O mais provável é que as pessoas não se limitem a perceber que o sintoma é o que há de mais real. Vão nos secretar sentidos a granel, o que alimentará não apenas a verdadeira religião, mas um monte de falsas.

— O que significa "a verdadeira religião"?

A verdadeira religião é a romana. Tentar colocar todas as religiões no mesmo saco e fazer o que se chama de história das religiões é realmente horrível. Há *uma* verdadeira religião, é a religião cristã. Trata-se simplesmente de saber se essa verdade agüentará o golpe, ou seja, se será capaz de secretar sentido de forma a que efetivamente nele nos afoguemos. Ela vai conseguir, é certo, pois tem recursos. Já tem um monte de esquemas preparados para isso. Ela interpretará o Apocalipse de são João. Um punhado de gente já tentou isso. Ela encontrará uma correspondência de tudo com tudo. É, inclusive, sua função.

Já o analista é coisa completamente diferente. Ele está num momento de muda. Durante um pequeno instante, pôde-se perceber que se tratava apenas da intrusão do real. O analista permanece aí. Está aí como um sintoma. Só pode durar a título de sintoma. Mas você verá que a humanidade será curada da psicanálise. Por força de mergulhá-lo no sentido, no sentido religioso naturalmente, acabarão recalcando esse sintoma.

Percebeu? Será que uma luzinha se produziu em seu tino? Não lhe parece uma posição equilibrada, a minha?

— *Estou escutando.*

Está escutando, sim. Mas será que está agarrando daí um tantinho que se pareça com o real?

— *Estou escutando, anotando, e é a mim que cabe fazer uma espécie de síntese depois.*

Vai fazer uma espécie de síntese? Sorte a sua. Sério, tire disso o que puder. Tivemos com a psicanálise um pequeno instante como esse, um lampejo de verdade. Não é absolutamente obrigatório que dure.

Circunscrever o sintoma

— *Seus* Escritos *são muito obscuros, muito difíceis. Quem quiser compreender seus próprios problemas lendo-os vê-se num profundo desvario, mal-estar. Tenho a impressão de que o retorno a Freud é problemático, pois sua retomada dos textos freudianos torna a leitura de Freud ainda mais complicada.*

Isso talvez se deva ao fato de que apontei o que o próprio Freud levou muito tempo para colocar na cabeça de seus contemporâneos. *A interpretação dos sonhos* não vendeu muito em seu lançamento, e em quinze anos talvez se tenham comprado trezentos exemplares. Freud penou bastante para introduzir no pensamento de seus contemporâneos algo ao mesmo tempo tão específico e tão pouco filosófico quanto o inconsciente. Isso, não porque tenha pego emprestado de não sei mais quem, de Herbart, a palavra *Unbewusste*, que era tudo o que os filósofos chamavam de "inconsciente". Não tinha relação alguma.

O que tentei demonstrar é como o inconsciente de Freud se especifica. Os universitários pouco a pouco conseguiram digerir o que Freud, com muita habilidade aliás, se esforçara para tornar comestível, digerível para eles. O próprio Freud prestou-se à coisa ao querer convencer. O sentido do retorno a Freud é mostrar que há gume no que Freud descobrira, o qual ele fazia entrar no jogo de uma forma completamente inesperada, pois era de fato a primeira vez que se via surgir alguma coisa que não tinha estritamente nada a ver com o que quer que houvesse sido dito antes. O inconsciente de Freud é a incidência de uma coisa completamente nova.

Então, vou lhe dizer algo que caracteriza meus *Escritos*.

Não escrevi os meus *Escritos* para que fossem compreendidos, escrevi-os para que fossem lidos.

Não é nada parecido. É um fato que, ao contrário do que aconteceu a Freud, há um bocado de gente que, apesar de tudo, os lê. Eles certamente têm mais leitores do que Freud teve em quinze anos. No final, claro, Freud teve um enorme sucesso de livraria, mas teve que esperar muito tempo. Nunca esperei nada similar. Foi para mim uma surpresa total que meus *Escritos* se vendessem. Nunca compreendi como isso se deu.

Em contrapartida, constato que, mesmo não sendo compreendidos, eles provocam alguma coisa nas pessoas. Observei isso com freqüência. Elas não compreendem nada daquilo, isso é absolutamente verdade, durante certo tempo, mas aquilo lhes provoca alguma coisa. E é por essa razão que eu seria levado a crer que, ao contrário do que se imagina do lado de fora, eles são lidos. Imagina-se que as pessoas compram meus *Escritos* e não os abrem. Isso é um erro. Eles são abertos e, inclusive, trabalhados. São, até mesmo, desancados. Evidentemente, quando se começa meus *Escritos*, o que de melhor se pode fazer é tentar compreendê-los. E, como não são compreendidos, continua-se a tentar. Não fiz de propósito para não serem compreendidos, foi uma conseqüência das coisas. Eu falava, dava aulas, bastante concorridas e compreensíveis, mas como só as transformava em escrito uma vez por ano, isso dava um escrito que, em relação à massa do que eu dissera, era um concentrado totalmente incrível, que convém colocar na água como as flores japonesas para ver desdobrar-se. É uma comparação que vale o que vale.

Já me aconteceu escrever, há muito tempo, que é bem possível que dentro de dez anos algum dos meus *Escritos* se torne transparente. Meu caro, até você compreenderia. Em dez anos, meus *Escritos*, mesmo na Itália, mesmo traduzidos como são, lhe parecerão café pequeno, lugares-comuns. Porque há uma coisa bem curiosa, é que mesmo escritos muito sérios acabam tornando-se lugares-comuns. Em muito pouco tempo, você verá, Lacan poderá ser encontrado em qualquer esquina. Como Freud, ora! Todo o mundo imagina ter lido Freud, porque Freud está espalhado por toda parte, nos jornais etc. Isso acontecerá comigo também, você vai ver, como poderia acontecer a qualquer um que investisse nisso – se fizesse coisas um pouquinho cerradas, cerradas em torno de um ponto bem preciso, que é o que chamo de sintoma, a saber, o que não funciona.

Em certo momento da história houve bastante gente desocupada para se ocupar muito especialmente do que não funciona, e fornecer uma fórmula "do que não funciona" no estado nascente, se posso dizer. Como expliquei ainda há pouco, tudo isso se porá a girar em círculo, tudo será afogado sob as mesmas coisas, as mais repugnantes entre as que conhecemos há séculos e que naturalmente se restabelecerão.

A religião é feita para isso, para curar os homens, isto é, para que não percebam o que não funciona. Houve um pequeno lampejo – entre dois mundos, se posso dizer, entre um mundo passado e um mundo que vai se reorganizar como um soberbo mundo vindouro. Não acho que a psicanálise detenha alguma chave do futuro. Mas terá sido um momento privilegiado durante o qual ter-se-á tido uma medida bem correta do que chamo em meu discurso de "falasser" [*parlêtre*].

O falasser é uma forma de exprimir o inconsciente. O fato totalmente imprevisto e inexplicável segundo o qual o homem é um animal falante, saber o que é, com que se fabrica essa atividade da fala – eis sobre o que tento lançar algumas luzes no que vou lhes contar nesse Congresso. É muito ligado a certas coisas que Freud considerou vinculadas à sexualidade. Com efeito, tem uma relação, mas liga-se à sexualidade de forma bem particular.

Pronto. Você verá. Guarde esse livrinho no bolso, releia-o dentro de quatro ou cinco anos, e verá que conseguirá lamber as beiradas.

O Verbo faz gozar

— *Pelo que compreendi, segundo a teoria lacaniana, na base do homem não há biologia ou fisiologia, mas lin-*

guagem. São João já dissera: "No começo era o Verbo." O senhor não acrescentou nada a isso.

Acrescentei uma coisinha.

"No começo era o Verbo", concordo plenamente. Mas antes do começo, onde é que ele estava? É isso que é verdadeiramente impenetrável. Há o evangelho de são João, só que há também uma outra coisa que se chama Gênesis, e que não é absolutamente desvinculado do Verbo. Conjugaram os dois dizendo que o Verbo era assunto de Deus Pai, reconhecendo-se que o Gênesis era tão verdadeiro quanto o Evangelho de são João, uma vez que era com o Verbo que Deus criava o mundo. É uma coisa engraçada.

Na Escritura judaica, a Escritura sagrada, vê-se muito bem para que serve que o Verbo tenha sido não no começo, mas antes do começo. É que, como ele era antes do começo, Deus se julga no direito de fazer todo tipo de reprimenda às pessoas, a quem dá um pequeno presente, do gênero "petit-petit-petit", como se dá às galinhas. Ele ensinou Adão a nomear as coisas. Não lhe deu o Verbo, porque seria um negócio grande demais, ensinou-o a nomear. Não é grande coisa nomear, está totalmente na medida humana. Os seres humanos não pedem mais que isso, que as luzes sejam moderadas. A luz em si é absolutamente insuportável. Por sinal, nunca se falou de luz no século das Luzes, falou-se de *Aufklärung*. "Tragam-me uma luzinha, por favor." Isso já é muito. Mais até do que podemos suportar.

Sou por são João e o seu "No começo era o Verbo", mas esse é um começo enigmático. Isso quer dizer o seguinte: para esse ser carnal, esse personagem repugnante que é um homem mediano, o drama só começa quando o Verbo está na jogada, quando ele se encarna – como diz a religião, a verdadeira. É quando o Verbo se encarna que a coisa começa a ir muito mal. Ele não é mais feliz de forma alguma, não se parece mais em nada com um cachorrinho que balança o rabo, tampouco com um valente macaco que se masturba. Não se parece com mais nada. Está devastado pelo Verbo.

Eu também acho que esse é o começo. Você me diz que eu não descobri nada. É verdade. Nunca pretendi descobrir nada. Todas as coisas que apreendi são coisas que colei daqui e dali.

E depois imagine que tenho certa experiência nesse ofício sórdido que se chama ser analista. Nele aprendi um bocado, e o "No começo era o Verbo" assume mais peso para mim. Vou lhe dizer uma coisa: se não houvesse o Verbo, que, convém dizê-lo, os faz gozar, todas essas pessoas que vêm me ver, por que voltariam ao meu consultório se não fosse para, a cada vez, receberem uma fatia, de Verbo? É sob esse ângulo que me percebo. Isso lhes dá prazer, elas se regozijam. Sem isso, por que eu teria clientes, por que eles voltariam tão regularmente, anos a fio? Você se dá conta disso?

Para a análise pelo menos, isso é verdade, no começo é o Verbo. Se não houvesse isso, não vejo o que estaríamos escarafunchando juntos ali.

Habituar-se ao real

— *Se as relações humanas se tornaram problemáticas porque esse real é sumamente invasivo, agressivo, obsedante, não seria preciso...*

Tudo o que temos até o presente de real é pouca coisa perto do que não se consegue sequer imaginar, porque, justamente, o próprio do real é não ser imaginado.

— *Não seria preciso ao contrário libertar o homem do real? Nesse caso a psicanálise não teria mais razão de ser.*

Se o real se tornar suficientemente agressivo...

— *A única salvação possível face ao real que se tornou tão destrutivo é se subtrair ao real.*

Repelir completamente o real?

— *Uma esquizofrenia coletiva, de certa forma. Daí o fim do papel da psicanálise.*

Essa é uma forma pessimista de representar o que acredito ser mais simplesmente o triunfo da verdadeira religião. Rotular a verdadeira religião como esquizofrenia coletiva é um ponto de vista muito especial. Sustentável, admito, mas psiquiátrico demais.

— *Não é o meu ponto de vista, não falei de religião.*

Não, não falou, mas acho que sua afirmação conflui de maneira espantosa com aquilo de que parti, a saber, que a religião, afinal de contas, podia muito bem arranjar tudo isso. Não se deve dramatizar muito, assim mesmo. Deve-se poder se habituar ao real.

O sintoma não é ainda verdadeiramente o real. É a manifestação do real em nosso nível de seres vivos. Como seres vivos, somos ordenados, mordidos pelo sintoma. Somos doentes, é tudo. O ser falante é um animal doente. "No começo era o Verbo" diz a mesma coisa.

Mas o real real, se assim posso dizer, o verdadeiro real, é aquele ao qual podemos ter acesso por um caminho bem preciso, que é o caminho científico. É o caminho das pequenas equações. Este real é justamente aquele que nos falta por inteiro. Estamos completamente separados dele. Por quê? Em virtude de uma coisa a cujo termo nunca chegaremos ao cabo. Pelo menos é no que acredito, sem jamais ter conseguido demonstrá-lo absolutamente. Nunca chegaremos ao cabo da relação entre esses falasseres que sexuamos como macho e esses falasseres que sexuamos como mulher. Aí, perdem-se totalmente as estribeiras. É inclusive o que especifica o que chamamos de ser humano. Neste ponto, não há nenhuma chance de que isso um dia dê certo, isto é, que tenhamos sua fórmula, uma coisa que se escreva cientificamente. Daí o pulular dos sintomas, porque tudo se prende a isso. É nisso que Freud tem razão ao falar do que chama de sexualidade. Digamos que, para o falasser, a sexualidade é sem esperança.

Mas o real ao qual acessamos com pequenas fórmulas, o verdadeiro real, é coisa totalmente diferente. Até o presente, só temos *gadgets* como resultado disso. Envia-se um foguete à lua, temos a televisão etc. Isso nos come, mas nos come por intermédio de coisas que mexem com a gente. Não é por nada que a televisão é devoradora. É porque aquilo nos interessa, apesar de tudo. Aquilo nos interessa por um certo número de coisas absolutamente elementares, que poderíamos enumerar, das quais poderíamos fazer uma pequena lista. Mas enfim, deixamo-nos comer. Eis por que não estou nem entre os alarmistas nem entre os angustiados. Quando tivermos nossa cota, pararemos com isso e nos ocuparemos com as coisas verdadeiras, isto é, o que chamo de religião.

— *... O real é transcendente ... Com efeito, os* gadgets *nos comem.*

Pois é. Quanto a mim, não sou muito pessimista. Haverá um tamponamento do *gadget*. Sua extrapolação, de fazer convergir o real e o transcendente, me parece um ato de fé.

— *Pergunto-lhe: o que não é um ato de fé?*

É isso é que é horrível, estamos sempre na feira.

— *Eu disse "fé", não disse "feira".*

É minha maneira de traduzir "fé". A fé é a feira. Há tantas fés, fés que se aninham nas esquinas, que, apesar de tudo, isso só é bem dito no fórum, isto é, na feira.

— *"Fé", "fórum", "feira", são jogos de palavras.*

São jogos de palavras, é verdade. Mas atribuo grande importância aos jogos de palavras, você sabe. Parece-me a chave da psicanálise.

Não filosofar

— *Na sua filosofia...*

Não sou absolutamente filósofo.

— *"Una nozione ontologica, metafisica del reale"...*

Isso não é absolutamente ontológico.

— *O senhor se inspira numa noção kantiana do real.*

Não é absolutamente kantiana. Aliás, é no que insisto. Se há noção de real, ela é extremamente complexa, e, a esse título, é não apreensível, não apreensível de uma forma que faria um todo. Seria uma noção incrivelmente antecipatória pensar que haja um todo do real. Até onde verificamos, creio que é melhor evitar dizer que o real seja, no que for, um todo.

Chegou-me às mãos um pequeno artigo de Henri Poincaré sobre a evolução das leis. Você certamente não o conhece, ele é inacessível, é uma coisa bibliofílica. Émile Boutroux, que era filósofo, se colocara a questão de saber se não se podia pensar que as leis também tinham uma evolução. Poincaré, que era matemático, eriçava-se completamente ao pensamento dessa evolução, uma vez que o que o cientista busca é justamente uma lei na medida em que não evolua. É muito raro um filósofo ser mais inteligente que um matemático, mas aí, por acaso, um filósofo levantou uma questão capital. Por que, com efeito, as leis não evoluiriam, já que pensamos o mundo como tendo evoluído? Poincaré mantém-se duro como ferro ao afirmar que o próprio de uma lei é que, quando é domingo, pode-se saber não apenas o que acontecerá na segunda e terça, como, além disso, o que aconteceu no sábado e na sexta. Mas não se vê absolutamente por que o real não admitiria uma lei que se mexe.

Claro que aí ficamos completamente sem rumo. Como estamos situados num ponto preciso do tempo, como dizer o que quer que seja a propósito de uma lei que, no dizer de Poincaré, não seria mais uma lei? Mas, afinal de contas, por que não pensar também que um dia talvez saibamos um pouquinho mais sobre o real? – graças a cálculos, sempre. Auguste Comte dizia que nunca se saberia nada da química das estrelas, e eis que, coisa curiosa, chega um troço chamado espectroscópio que nos ensina coisas bem precisas sobre a composição química das estrelas. Então, convém desconfiar, acontecem coisas, lugares de passagem absolutamente insensatos, que sequer imaginávamos e de forma alguma prevíamos. Isso fará talvez com que tenhamos um dia uma noção sobre a evolução das leis.

Em todos os casos, não vejo em que o real seja por isso mais transcendente. É uma noção muito difícil de manejar, até aqui manejada com extrema prudência.

— É um problema filosófico.

É um problema filosófico, é verdade. Há, com efeito, pequenos domínios em que a filosofia teria ainda algo a dizer. Infelizmente, é bem curioso que a filosofia dê tantos sinais de envelhecimento. Bom, Heidegger disse duas ou três coisas sensatas. Mas, apesar de tudo, há muito tempo que a filosofia não diz absolutamente nada de interessante para todo mundo. Aliás, ela nunca diz algo de interessante para todos. Quando lança alguma coisa, diz coisas que interessam a duas ou três pessoas. Em seguida isso passa para a Universidade, e então é o fim, não há ali a menor filosofia, sequer imaginável.

Alguém ainda há pouco atribuiu-me um kantismo de forma totalmente gratuita. Só escrevi uma coisa sobre Kant, é o meu pequeno escrito "Kant com Sade". Para encurtar, faço de Kant uma flor sádica. Ninguém deu a menor atenção a esse artigo. Alguém o comentou em algum lugar, nem sei se foi publicado. Mas ninguém me respondeu sobre esse artigo. É verdade que sou incompreensível.

— Como tinha sido questão do real como transcendente, citei de passagem a "coisa em si", mas isso não é uma imputação de kantismo.

Busco dizer coisas que se colem à minha experiência de analista. Essa experiência é algo de breve. Nenhuma experiência de analista pode pretender se apoiar sobre gente suficiente para generalizar. Tento determinar com que um analista pode se auto-sustentar, esboçar o que a função de analista comporta de aparelho mental rigoroso, indicar qual é o corrimão que convém segurar para não transbordar a função de analista. Quando se é analista, fica-se o tempo todo tentado a derrapar, escorregar, deixar-se cair na escada de traseiro no chão, e, apesar de tudo, isso é muito pouco digno da função de analista. É preciso saber permanecer rigoroso, de forma a só intervir de forma sóbria e, de preferência, eficaz. Tento proporcionar as condições para que a análise seja séria e eficaz. Isso parece transbordar para as cordas filosóficas, mas não é nada disso.

Não faço nenhuma filosofia, ao contrário, desconfio dela como da peste. Se falo do real, é porque me parece uma noção radical para enlaçar alguma coisa na análise, mas não a única. Há também o que chamo de simbólico e o que chamo de imaginário. Prezo isso como se prezam três cordinhas que são as únicas que me permitem flutuar. Proponho-a aos outros, claro, àqueles que se dispõem a me seguir, mas eles podem seguir um punhado de gente que não deixa de lhes oferecer ajuda.

O que mais me espanta é ter tantos ainda ao meu lado. Não posso dizer que nada fiz para retê-los. Não ando pendurado nos casacos deles. Não temo absolutamente que as pessoas partam. Ao contrário, alivia-me quando se vão. Mas, enfim, sou grato aos que ali estão por me devolverem alguma coisa de tempos em tempos, o que me dá a sensação de que não sou completamente supérfluo no que ensino, que lhes ensino algo que lhes presta serviço.

Vocês foram bem gentis ao me interrogar por tanto tempo.

Indicações bibliográficas

"Discurso aos católicos": ao evocar em seu Seminário, em 23 de março de 1960, as aulas que acabava de dar em Bruxelas, Lacan as designa com estas palavras: "meu discurso aos católicos" (*Seminário 7*, p.211, Seuil, 1986). Duas versões sucessivas foram publicadas em *Quarto*, órgão da Escola da Causa Freudiana na Bélgica (nº VI, 1982, p.5-24, e nº 50, inverno 1992, p.7-20).

"O triunfo da religião": tanto o título como os subtítulos são de J.-A. Miller. Uma primeira versão foi publicada no boletim interno da Escola da Causa Freudiana de Paris, *Les Lettres de l'École*, nº 16, 1975, p.6-26.